心一堂術數古籍珍本叢刊

書名：蔣大鴻嫡傳水龍經注解 附 虛白廬藏珍本水龍經四種（七）

系列：心一堂術數古籍珍本叢刊 第二輯 堪輿類 蔣徒張仲馨三元真傳系列

作者：【清】蔣大鴻編訂 【清】楊臥雲、汪云吾、劉樂山註

主編、責任編輯：陳劍聰

心一堂術數古籍珍本叢刊編校小組：陳劍聰 素聞 梁松盛 鄒偉才 虛白盧主

193

出版：心一堂有限公司

地址／門市：香港九龍旺角西洋菜南街五號好望角大廈一○○三室

電話號碼：+852-6715-0840 +852-6633-7949

網址：sunyata.cc

電郵：sunyatabook@gmail.com

網上書店：http://book.sunyata.cc

網上論壇：http://bbs.sunyata.cc/

publish.sunyata.cc

版次：二零一七年七月初版

平裝：十冊不分售

定價： 港幣 二千八百元正
　　　 新台幣 一萬零八百元正

國際書號：ISBN 978-988-8317-46-2

版權所有 翻印必究

香港及海外發行：香港聯合書刊物流有限公司

地址：香港新界大埔汀麗路三十六號中華商務印刷大廈三樓

電話號碼：+852-2150-2100

傳真號碼：+852-2407-3062

電郵：info@suplogistics.com.hk

台灣發行：秀威資訊科技股份有限公司

地址：台灣台北市內湖區瑞光路七十六巷六十五號一樓

電話號碼：+886-2-2796-3638

傳真號碼：+886-2-2796-1377

網絡書店：www.bodbooks.com.tw

台灣讀者服務中心：國家書店

地址：台灣台北市中山區松江路二○九號一樓

電話號碼：+886-2-2518-0207

傳真號碼：+886-2-2518-0778

網絡書店：http://www.govbooks.com.tw/

中國大陸發行．零售：心一堂書店

深圳地址：中國深圳羅湖立新路六號東門博雅負一層零零八號

電話號碼：+86-755-8222-4934

北京地址：中國北京東城區雍和宮大街四十號

心一店淘寶網：http://sunyatacc.taobao.com

秘傳水龍經卷四上

總論

此卷專言水龍貼體吉凶形局而入穴星體已森然燦
列於其中乃水龍肯繁扼要之書也亦不著作者姓名
雖言多俚俗而我以爲此必楊公眞本其千年以來師
師相授之秘旨歟開卷先言五星而五星之中取金水
土三星爲吉木火二曜爲凶此與山龍少異山龍有火
星起頂卽以結穴亦有行龍皆木星結體彌見貴秀若
水龍則一犯火木立見災禍其故何也蓋水性喜柔荏

而惡剛強宜轉抱而忌沖激金水柔荏而土形轉抱與

木火之剛強沖激者其性迴異是以此卷既別五星而

即繼之以纏抱反跳收氣漏風畜聚分飛諸格辨之最

詳蓋亦即五星之變體而引伸觸類以求詳之者也先

明枝幹之義則行龍之體格大界已定繼明五星之正

變而參求夫入穴之法則得其主宰掌握在我而運用

自神學者有意楊公之術能於是書切究而體驗之水

龍之道思過半矣過此以往三元九宮之法庶幾有逢

原之樂乎大鴻氏筆記

論枝幹

大水汪洋是幹龍

枝龍作穴出三公

枝龍作穴須長久

餘龍氣盡不須求

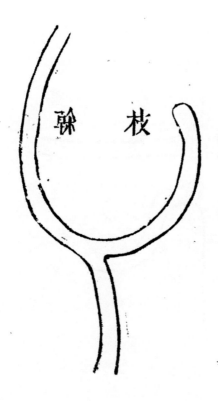

榦　枝

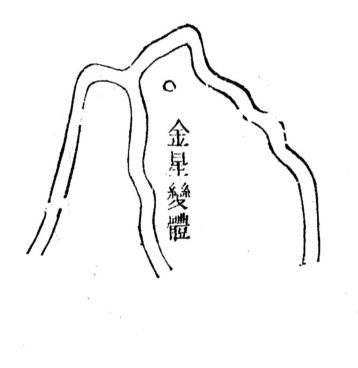

論五星

金星水養身

富貴足金銀

金星變體

左金長房發
右金小房興

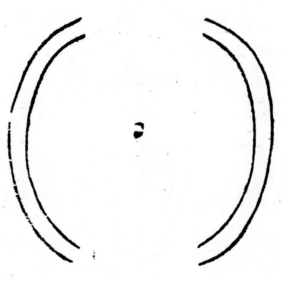

金星如玉帶

此地真無價

正金體

○

橫水過宮
金城抱穴
若扦此地
官貴不絕

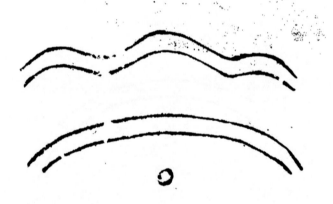

斜金似火

受剋非佳

斜金似火遶前穴

半貧半富賣田園

前火剋金城

風宇腳無停

若扦此等地

不久苦伶仃

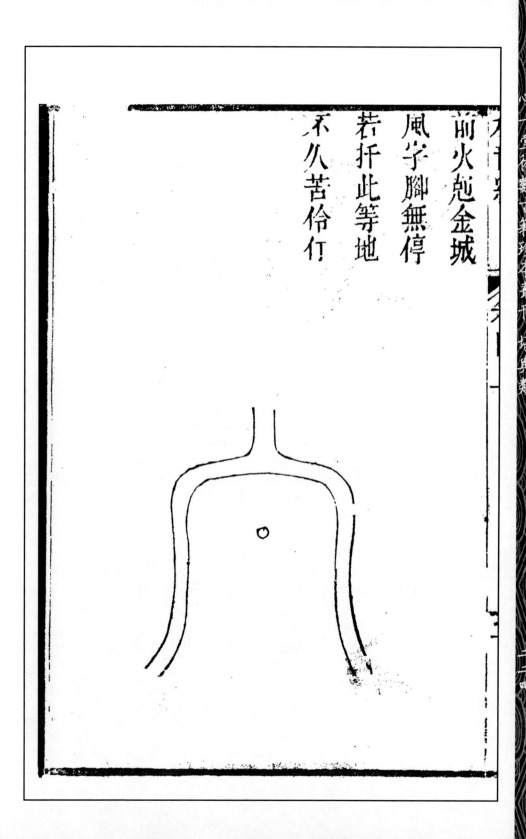

水似犁頭形

發火燒貧

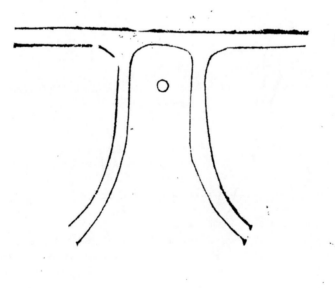

長子必離宗

金城左反弓

助子定孤窮

金城右反弓

金城反弓
逃走貧窮

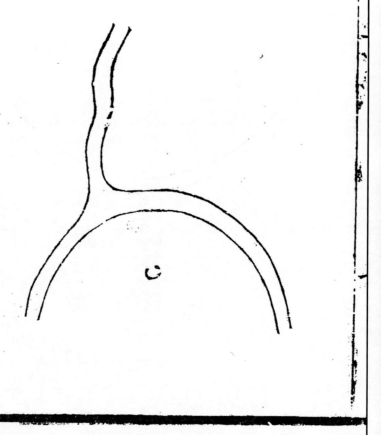

金水泛濫

風聲可揻

金水相生

富貴豪英

金星木來撞

子孫家傾蕩

金水得地

子孫富貴

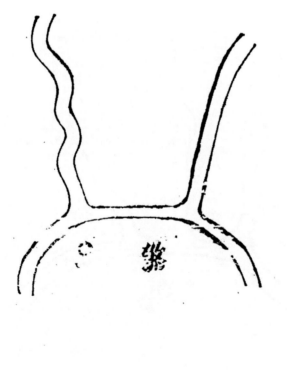

水撞金城
後嗣伶仃

火入金城

代代絕見孫

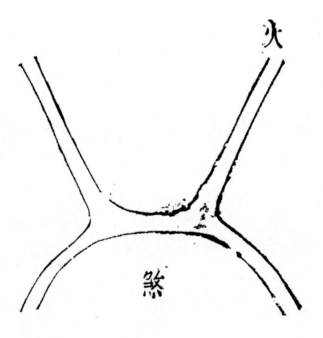

火

煞

官貴損人丁

殺入金城
涣魄無丁

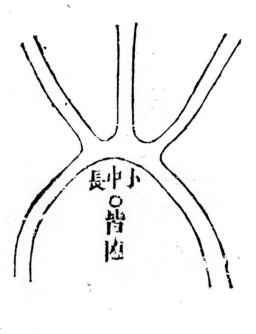

火剋金城

家盜人瘟

中細印
成尖形
故曰火

炎星日日臨

二水皆
尖形故
亦曰火

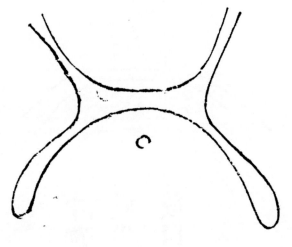

火金相刑

敗絕無丁

火

火

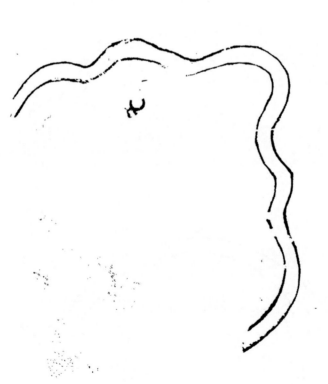

水星得位
兒孫富貴

土腹藏金

富厚顯名

土

金
〇

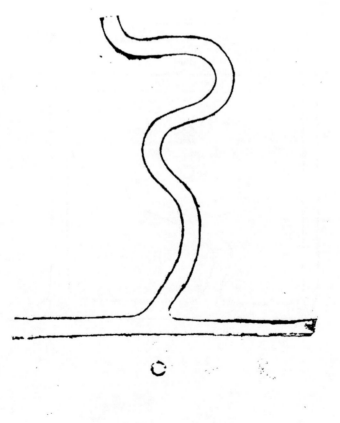

上星能抱穴

富貴永無歇

家富足錢財

土星右轉來

勢直如舟不可安

一下隨窮有幾年

不問東西與南北

他鄉喬走不知端

土星如直去

不久家隨廢

土城反向

敗絕亾家

行窮浄亂

帝配天涯

穴右斜飛水

墳宅豈為艮

得水來救助

人病染瘟疫

火屋如燬動

公事損妻房

土城帶火

別離鄉土

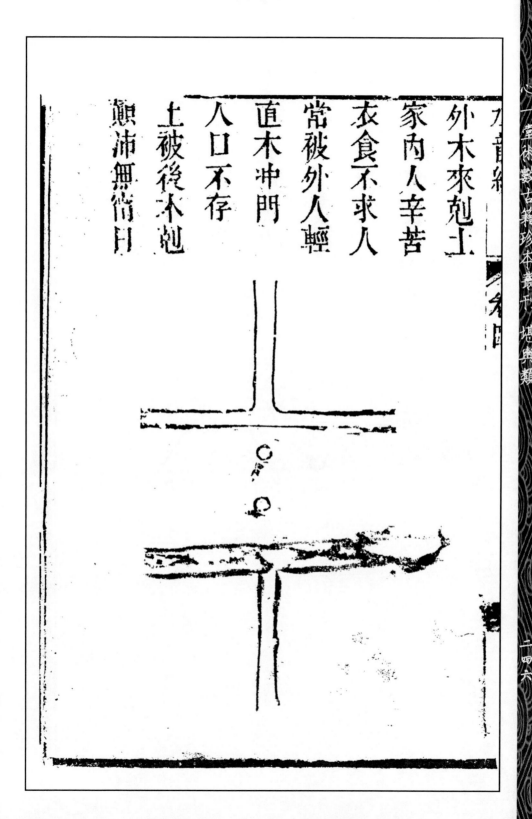

颠沛無衚日
土被後木尅
人口不存
直木冲門
常被外人輕
衣食不求人
家内人辛苦
外木來尅土

水龍經

直木如槍

慎事遭殃

不城直冲穴

中房必敗絕

前後木相冲

軍賊犯刑凶

正木直行

退敗染瘟

斜木披靡

常肉生離

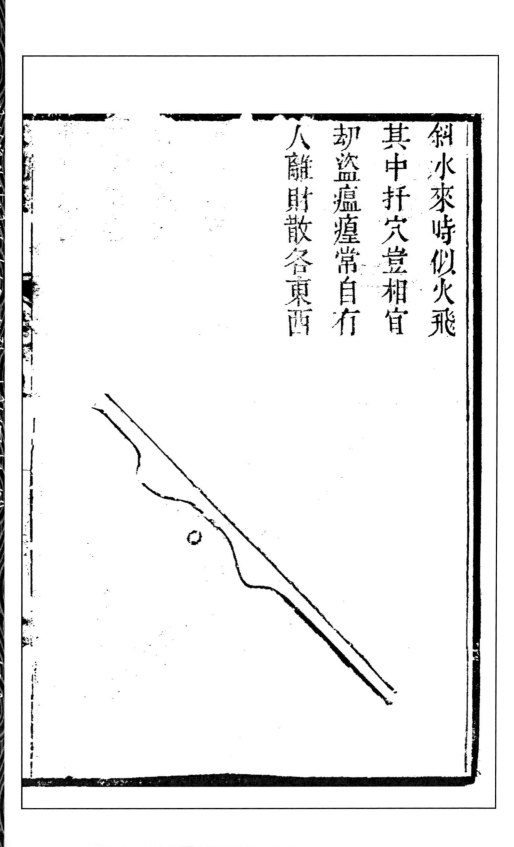

斜水來時似火飛

其中扦穴豈相宜

却盜瘟瘴常自有

人離財散各東西

水似木文

收絕孤貧

砂隨水出

代為軍賊

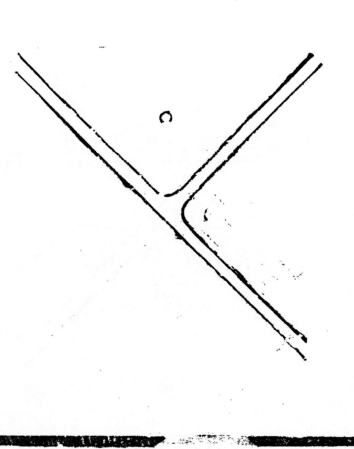

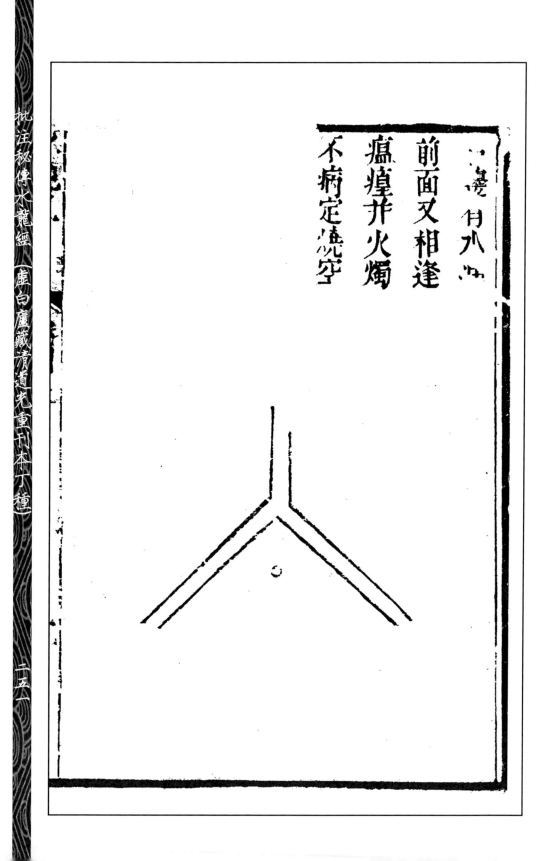

前面又相逢

瘟瘟并火燭

不病定燒空

迸盡好耕牛
城合掌流
不八絲爾
頂心
正八二字

側火

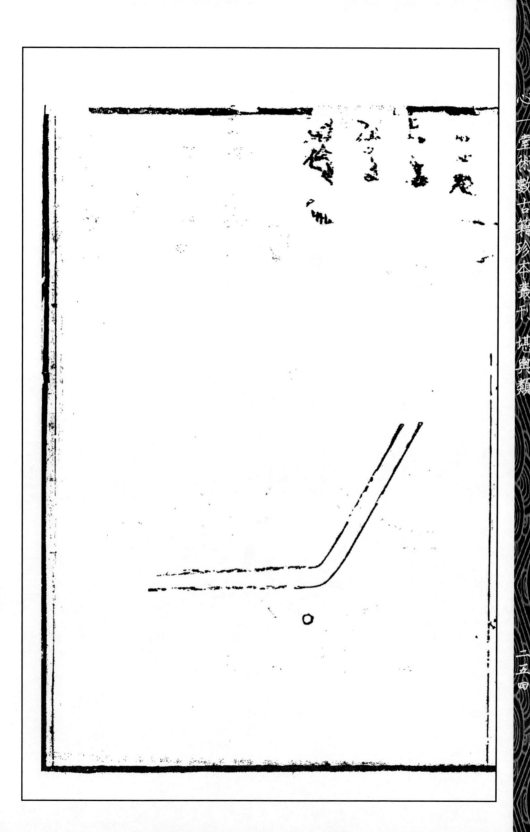

子孫忤逆面

前八字水淺

刀鎗射其身

徒配遠充軍

右火反飛

卸走東西

穴火反飛

賊傷夷

更主
絕嗣

尖火射其身

宦刑絕子孫

燥火燄燄動
老死無人送

火腳向外飛

客死無人依

C

煞

火星屈曲飛

無食又無妻

逆木順木

官井碌碌

拋妻棄子

散盡田穀

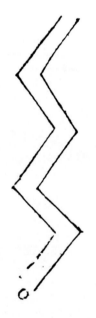

朱雀之前三水反

男盜女淫無衣飯

發福若悠長

水定纏元武

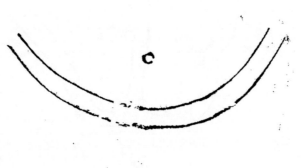

元武之水似彎弓
定宅安墳福祿綿

穴後水流三兩重
功名悠久世興隆

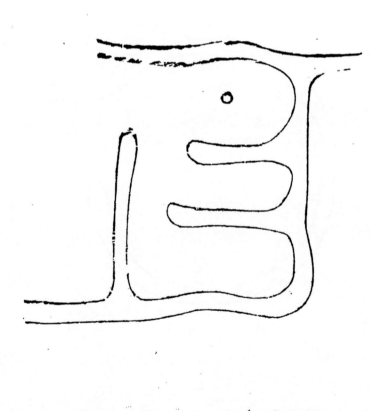

水冲元武頭

柳鎖去為囚

前丁後丁

總絕人丁

元武吐舌水風吹

絕嗣官災死亦隨

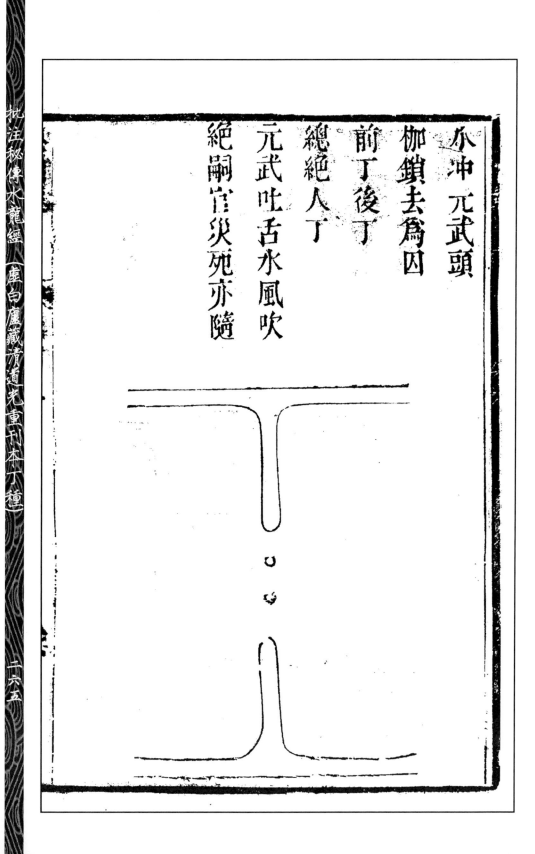

掀裙之水豈無情

兩脚分開惹慾心

元武之上有水冲

其家絕嗣媳淫奔

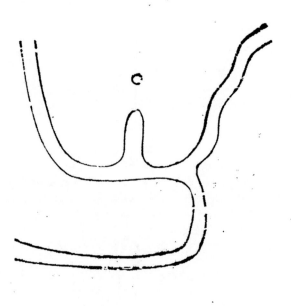

兩邊龍虎重重抱

凶貴雙雙直到老

宕然點穴得其方

以元兼有神童號

青龍水抱身
此地出官人

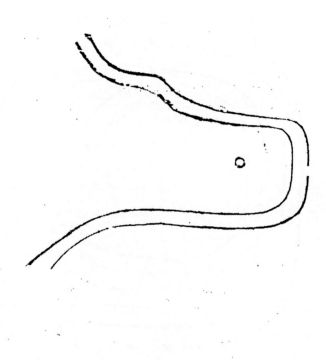

青龍白虎兩分張

歧絕流徒死異鄉

漿

白虎水如飛

葬此遷徙隘

青籠水直走

住基終不久

水口無山閉

少賣爸田地

收絕犯刑囚

逆配為邊戍

左右兩邊水反去

兒抛父母離鄉住

兩邊水去不回頭

家中財物鬼來偷

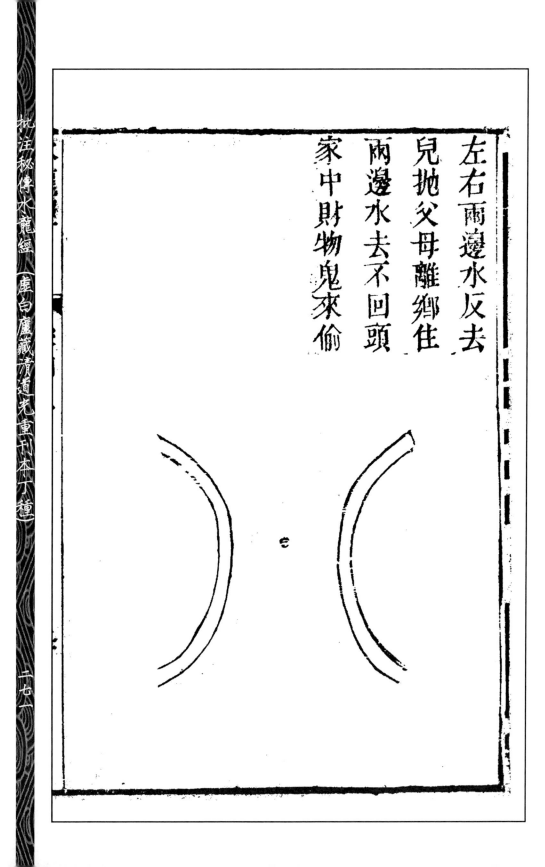

白虎銜屍

鰥寡無資

陰人損胎

橫天絕嗣

青龍吞家

瘋盲脆腫

橫天癡呆

離鄉絕種

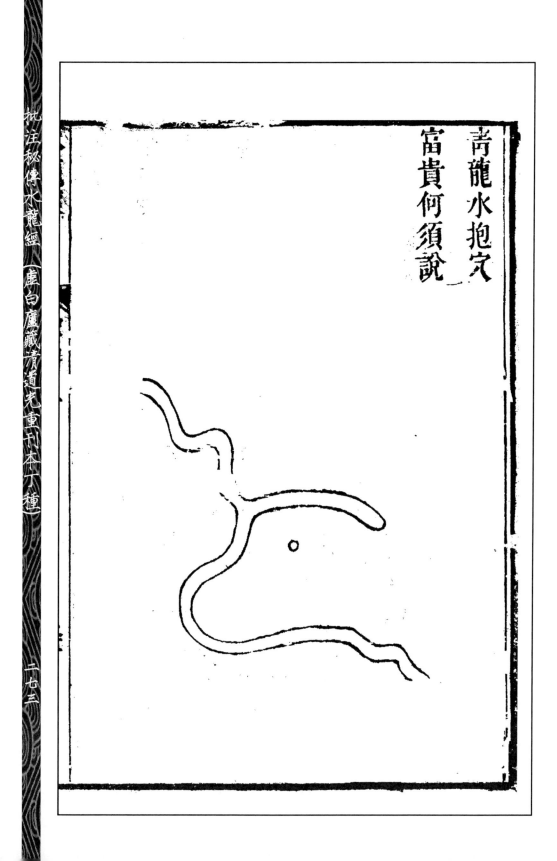

青龍之上一浜來

此地安墳任點裁

更得後河多積水

兒孫世代狀元才

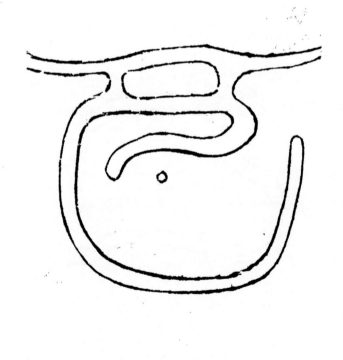

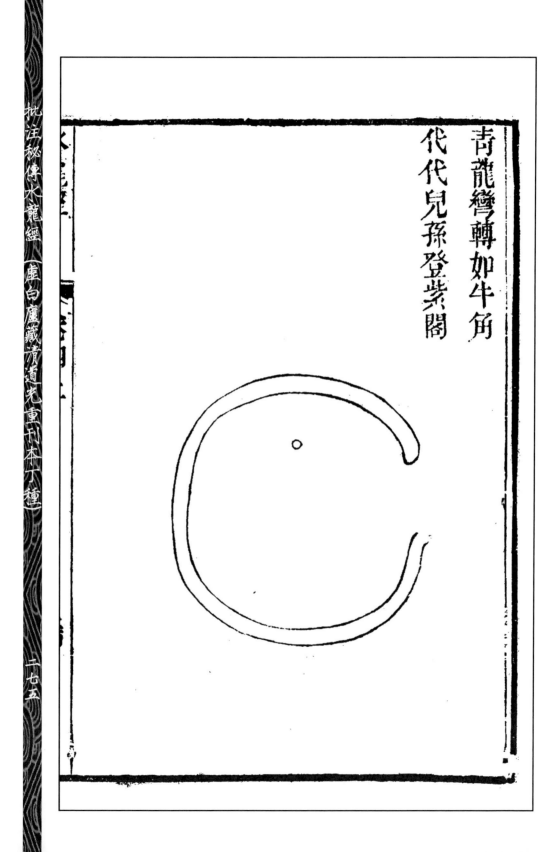

青龍彎轉如牛角
代代兒孫登紫閣

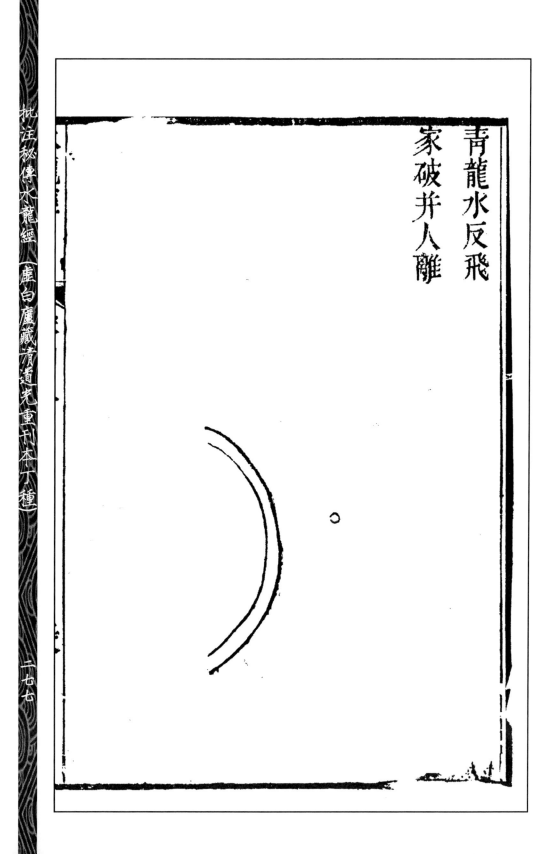

青龍水多破

葬後生災禍

又名金鵝箭

主瘋疾破敗

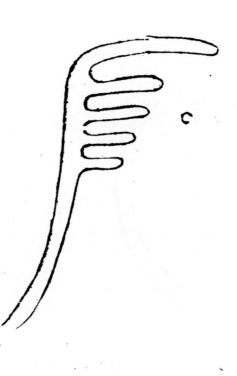

白虎之水抱重重

兒孫發福永無窮

白虎大池兜

衣食永無憂

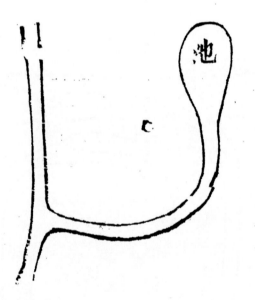

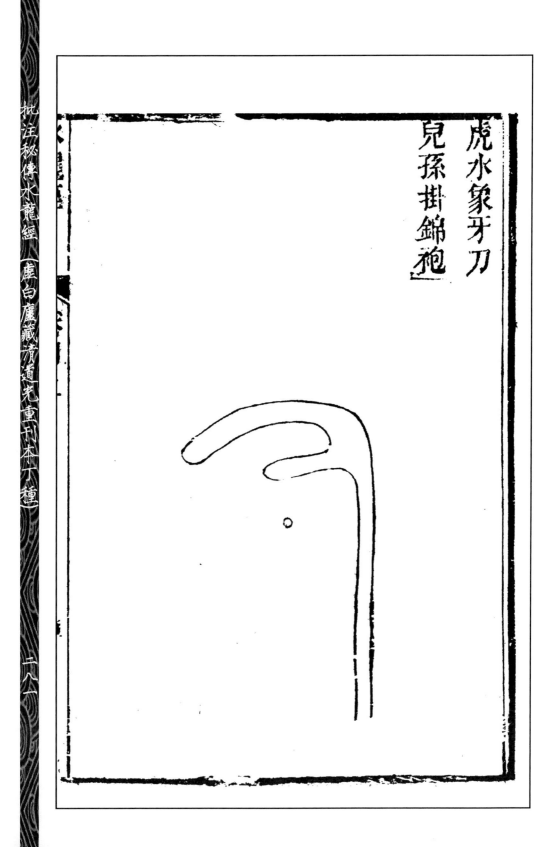

虎水象牙刀

兒孫掛錦袍

虎水遶如帶

累代官不壞

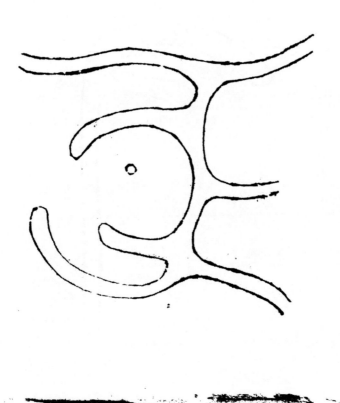

白虎位上水形尖

招郎寡婦賣田園

白虎勾來對着墳

子孫爲盜又兼貧

虎水去如飛

逃奔遠別離

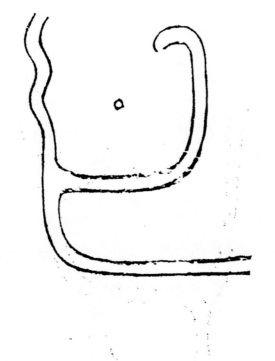

敗闕之水白虎來

瘟瘟火燭又官災

右邊砂水利如槍
後代兒孫定殺傷
虎口河水尖
劾子賣爹田
官事頻頻見
長房橫禍瀺

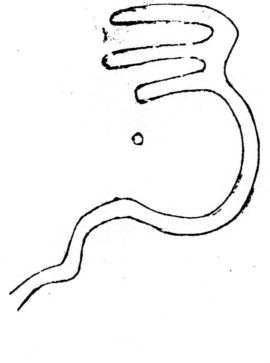

心一堂術數古籍珍本叢刊　堪輿類

論形局

水見三彎

福壽安閒

屈曲來朝

榮華富饒

貪狼之水面前朝

兒孫代代產英豪

不問去來并前後

官居臺閣五雲高

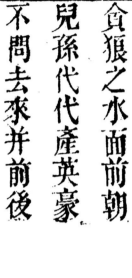

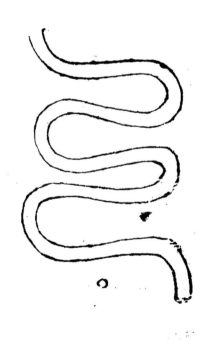

同上

子孫富貴自兼全

官顯朝班

如扦此地

富貴濟間

水轉三灣

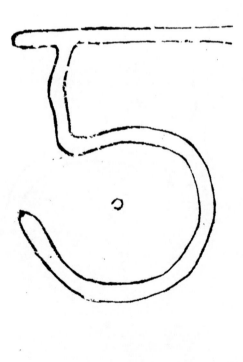

水從右來穴居

左官高而富

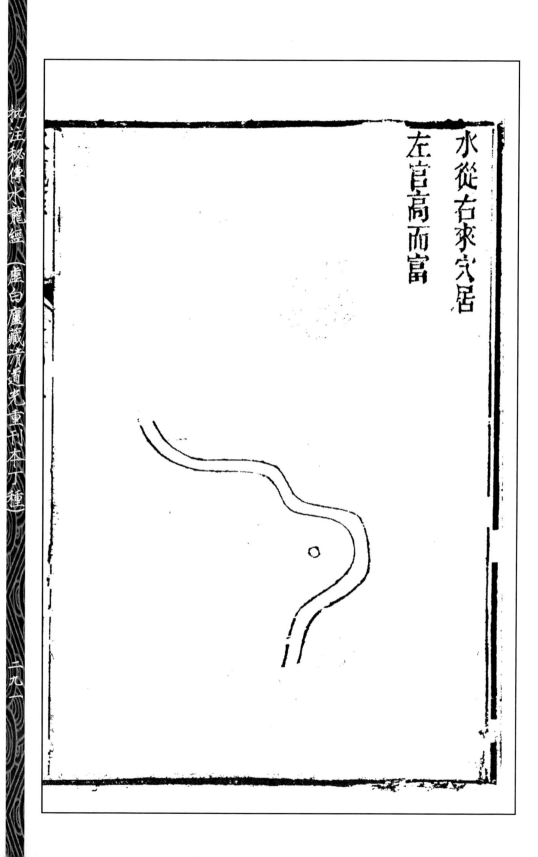

水從左來穴居

右富貴而壽

兒孫其守班

縱有後兜水

兄弟莫憂愁

兩水直無收

龍虎相鬥

阿誰來救

父子離異

兄弟寇讐

兩水直無收

兄弟莫憂愁

縱有後兜水

兒孫其守班

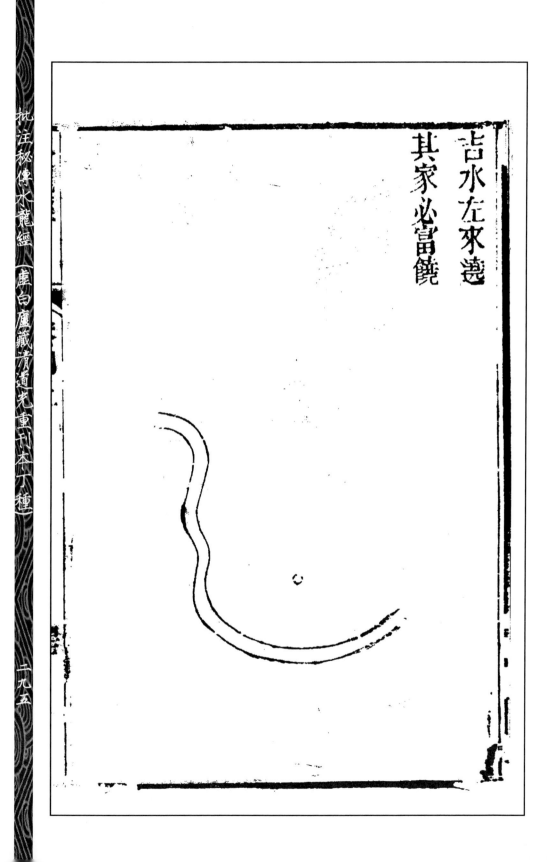

吉水左來遶
其家必富饒

水似蛇形
此穴自精

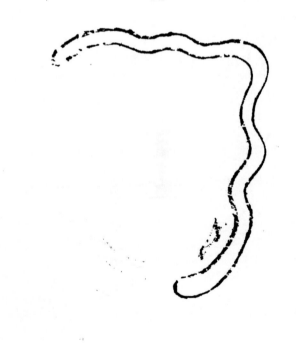

右畔有浜兜
富貴永無休

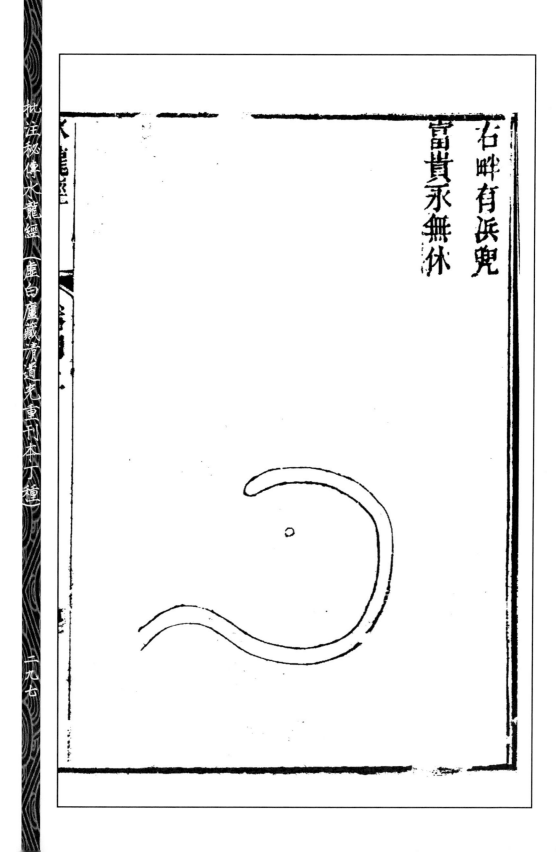

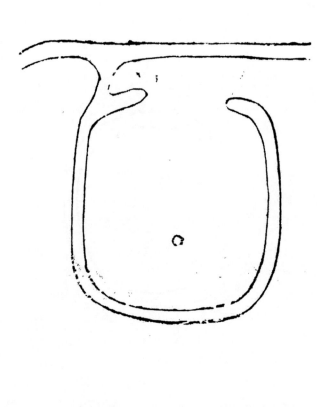

迴龍之水穴居灣

後代爲官非等閒

此穴無遮地自寒

浪打風吹不可安

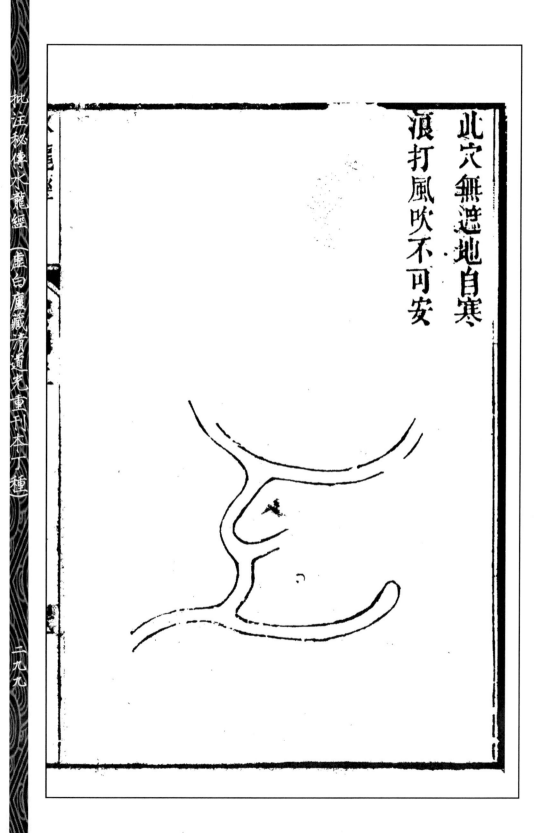

西水歸西去

有子登科第

東水歸東去

四海欽名譽

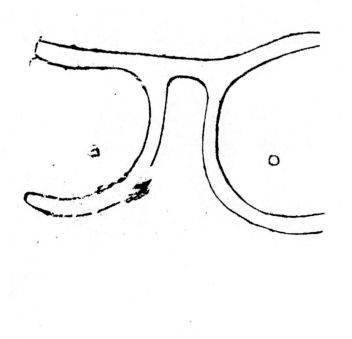

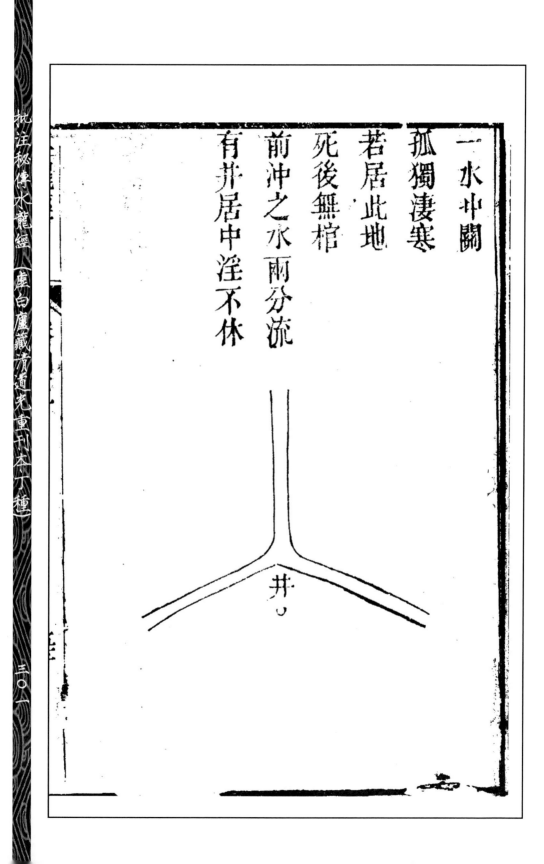

一水中關

孤獨淒寒

若居此地

死後無棺

前沖之水兩分流

有井居中淫不休

前水直冲穴

後代兒孫絕

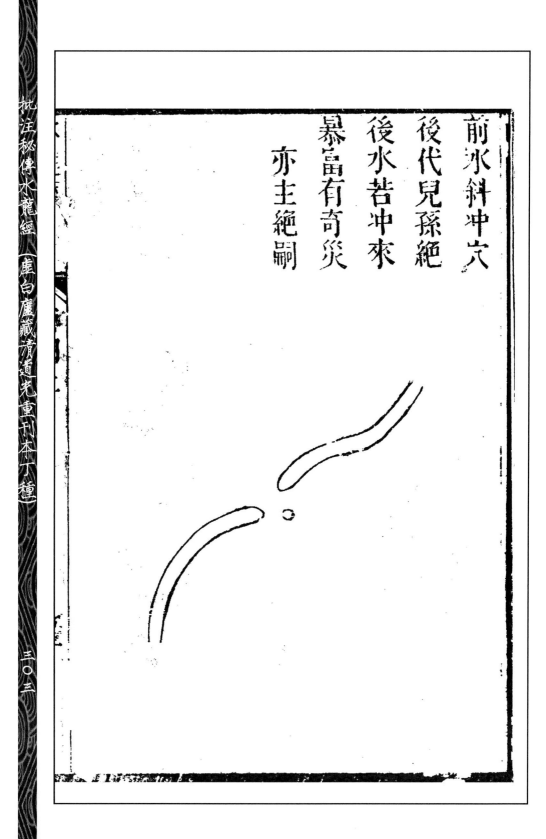

前冰斜冲穴

後代見孫絕

後水若冲來

暴富有奇災

亦主絕嗣

地高不利
平處猶可
須看來勢
水冲龍臂

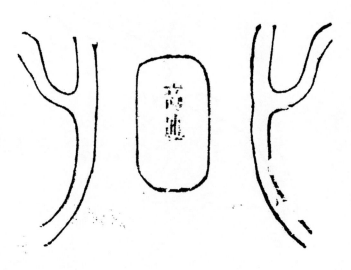

橫水冲腸

人損患瘋

左水殺長

殺小右冲

水流曲處射佳城

子孫僧道更家貧

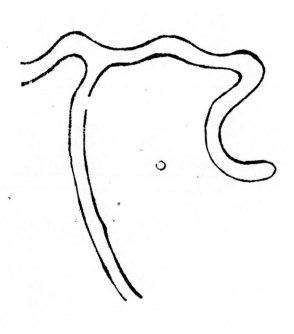

龍虎分飛

父子東西

乾艮風吹

奔走不回

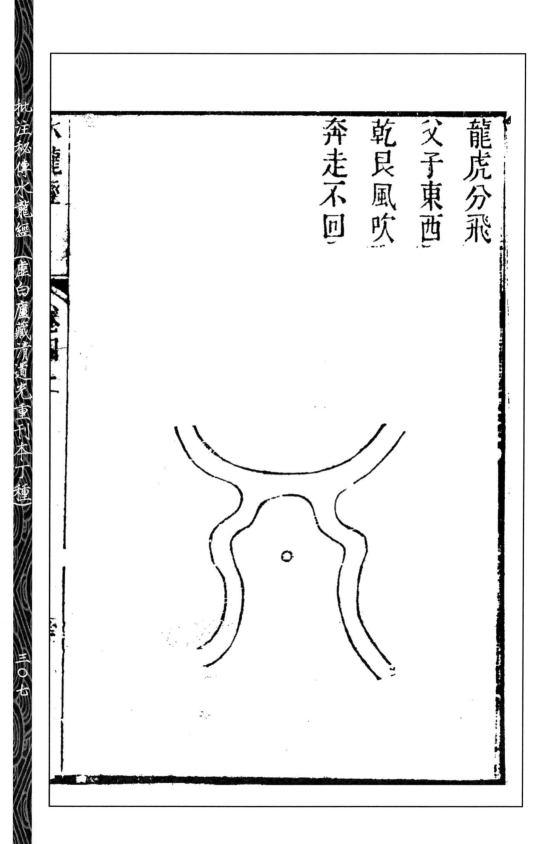

水穿虎跟

東西兩畔

直破城門

人財離散

左右分張
徒配離絕
朱雀抱嘴
官事敗亾

雀水兩分開

災殃日日來

淫亂無男女

何須仔細揣

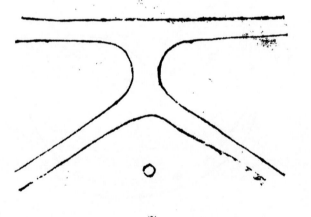

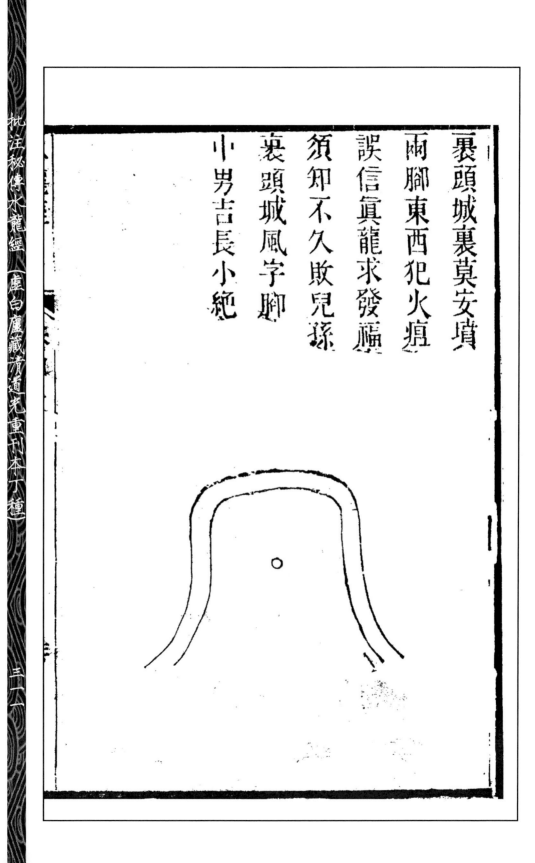

裹頭城裏莫安墳

兩腳東西犯火痕

誤信眞龍求發福

須知不久敗兒孫

裹頭城風字腳

中男吉長小絕

水腳兩分流
其家一旦休

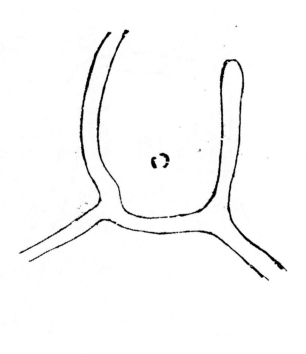

前水分八字

家生忤逆子

後有水拖槍

淫亂女為娼

流徒遭顯戮

三代子孫囚

水來生浪如蛇走

人倫敗亂家則行

乾水支流

子孫後休

水向乾流

水做賊頭

砂前順水似飛斾

金火相刑誰得知

軍賊跎跚跛瞎有

弟兄相殺自傷夷

墳前有水不相顧

常招女壻當門戸

墳後艮水樹枝形

子孫瘋疾受災迍

長河一水直
游蕩為軍賊

水龍經

六右來曲水

葬後貧窮無鈔使
初年車馬滿門庭
賣盡田園人不齒
明堂屈曲斜飛水
家業盡成灰
凶死多離別
回頭去不歸

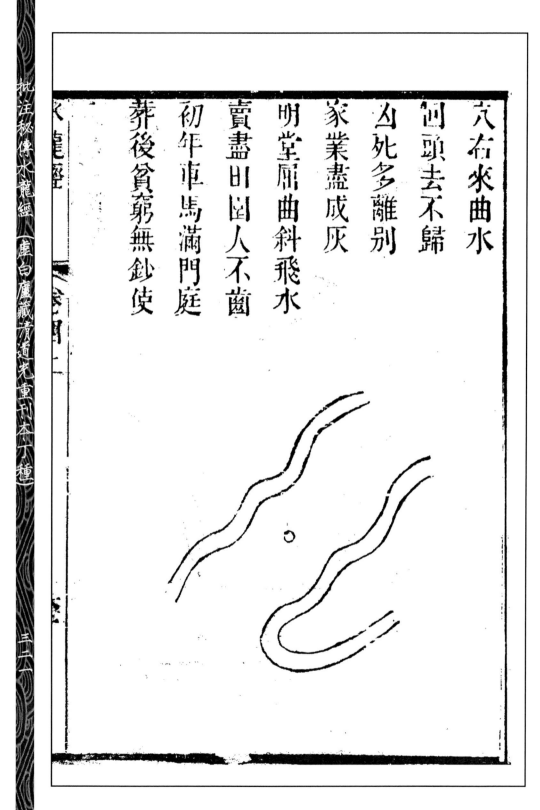

五馬五方馳

水散如分屍

明堂若端正

臨刑敧放歸

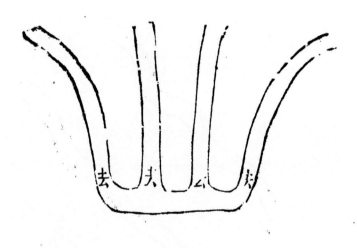

右水反無情

奔走遠流軍

反

〇

朱雀反弓龍虎張

兒孫忤逆打爹娘

白縊無端官事起

損男損女賣田庄

丁字之水主刑傷

又兼女子廣招郎

艮方水反不堪言

子孫依靠別人邊

水城怕反弓

逃走又貧窮

後水來龍似反弓

子孫忤逆各西東

論異形

團團流水遶墳塋

兒孫絶後更誰依

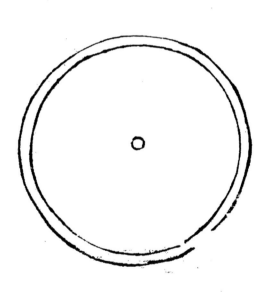

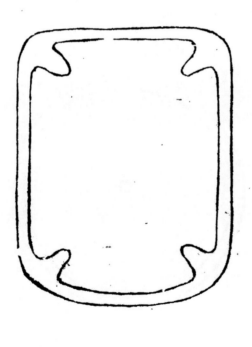

乾槍向巽

配在雲南

坤槍同艮

配在遼東

巽槍向乾

配在陝西

艮槍向坤

配在廣西

周圍之水遠填

林破砕損金銀

又兼淫亂無家

室疾病少精神

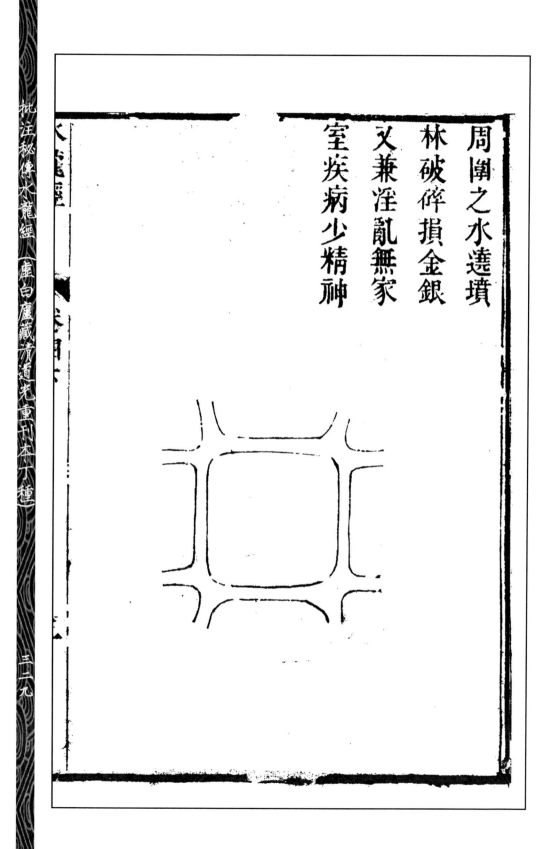

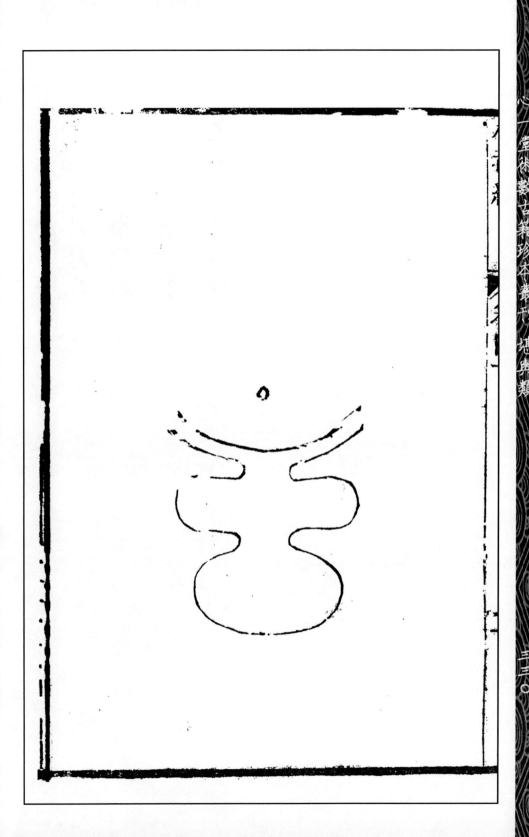

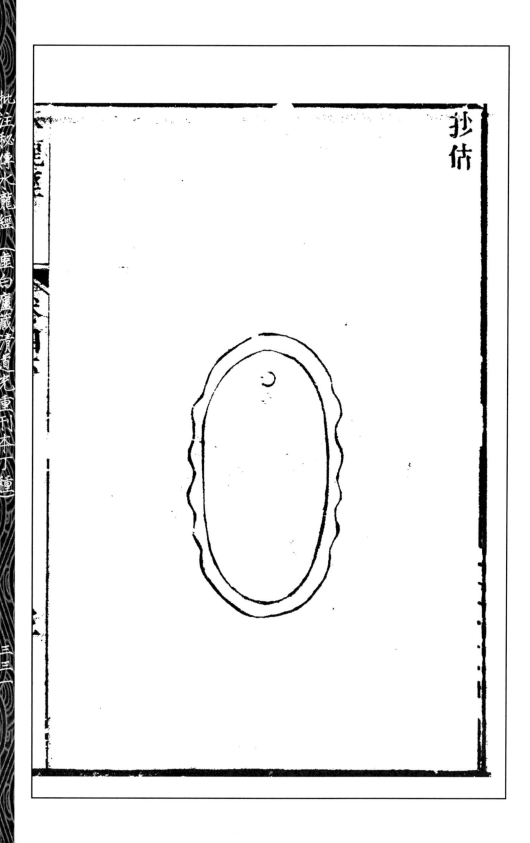

背籠腰上水掀破
案內常常有災禍

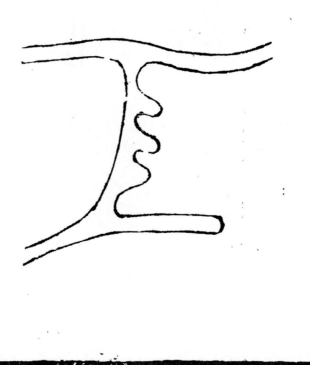

水如卷舌
瘟病磨折
說是稱非
家人擯絕

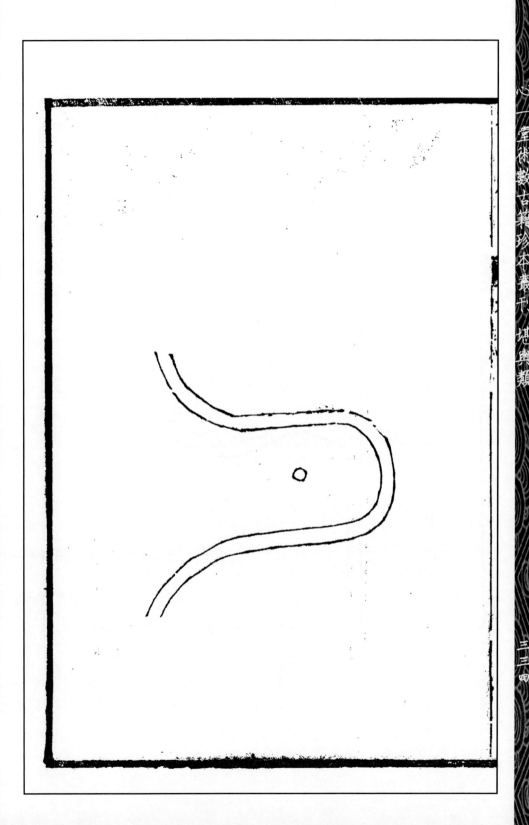

金城吉攝如龍遶

子孫富貴家和好

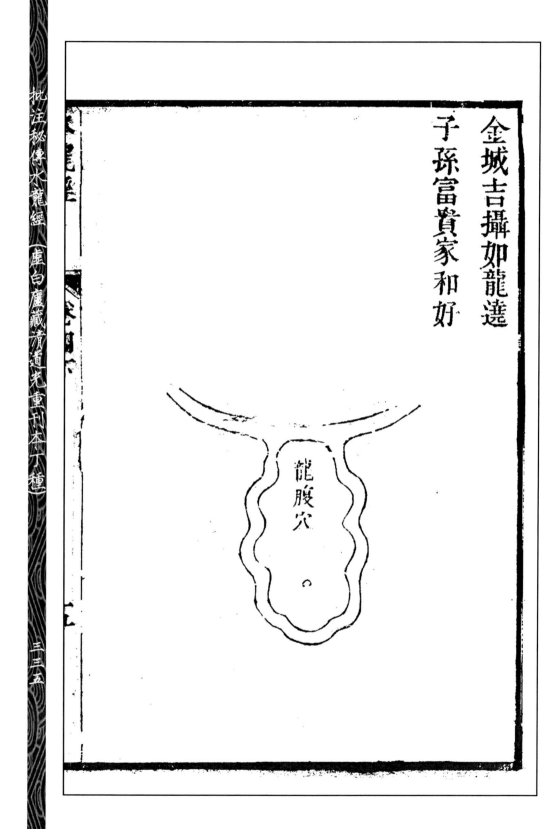

龍腹穴

金城凶攝似蛇橫、
弟兄爻子起兵爭

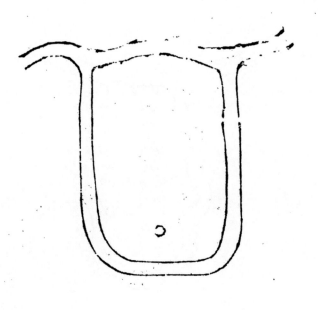

艮巽乾坤
是為四門
一風吹入
貧苦兒孫

水路生义
家業虛花

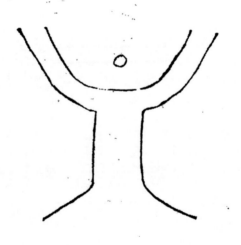

屈曲弓形

一門和順

富貴功名

奕世興隆

朱雀破頭、
百事憂愁

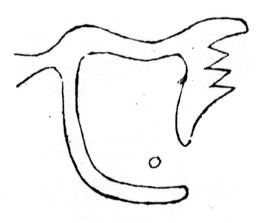

水入金交帶劍

城砂水兩相刑

葬後兒孫終不

顯邊戍遠充軍

先發財後大凶

屍槍射穴

囚獄充軍

逃亡橫死

斷絕兒孫

水中有地葫蘆形

分明毒藥主傷人

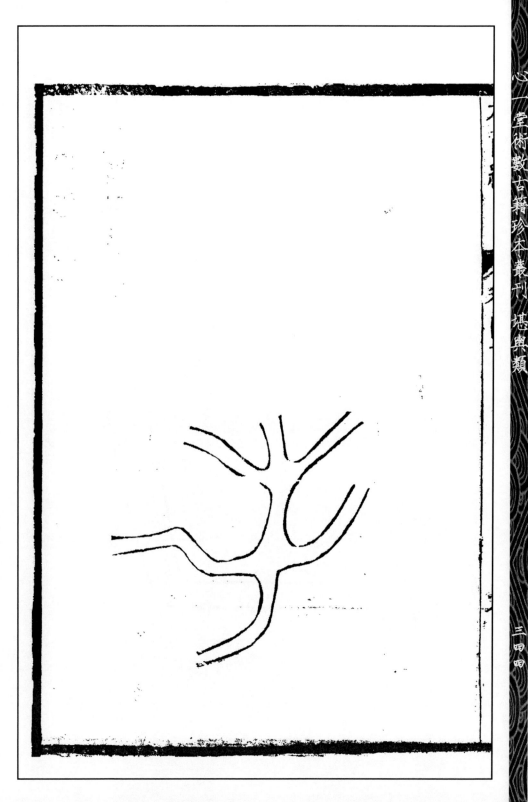

前兜後抱穴居中
見孫福壽位三公

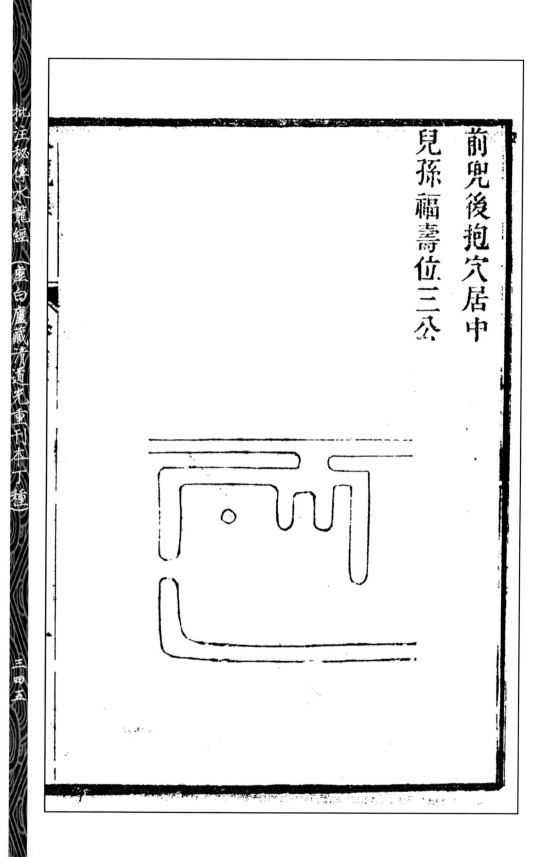

扇曲盤旋
富貴綿綿

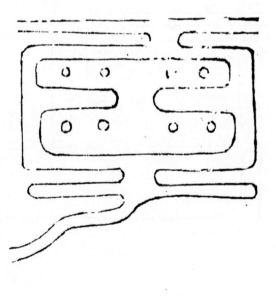

右水見了人
兒孫代代貧
左水見了人
孤兒寡婦身

食完全還以延

有一邊無一邊衣

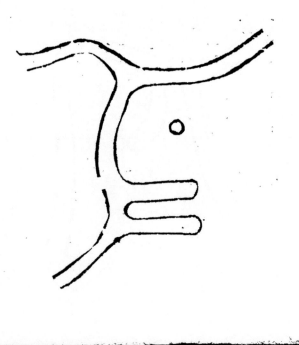

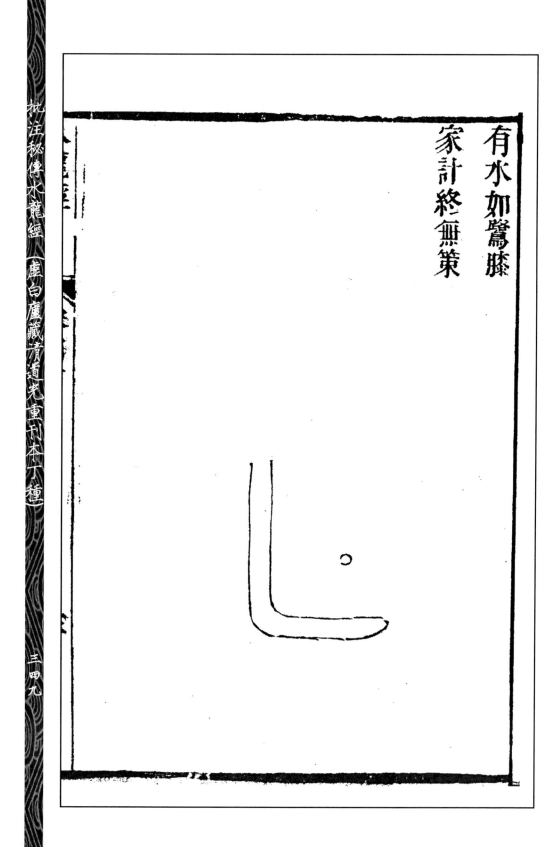

有水如鶯膝
家計終無策

後代兒孫必陣亡

功名或是出旗槍

葬後其家終不顯

火入金城兩相戰

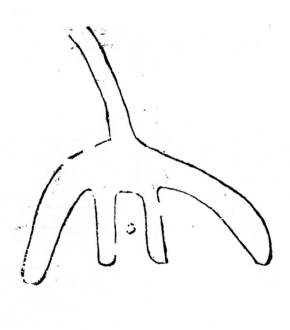

裹頭之水氣無餘

向此安墳總不宜

即使一時能暫發

力衰福薄後無兒

水城反向穴

下後刀槍割

絕嗣又逃亡

時師莫妄說

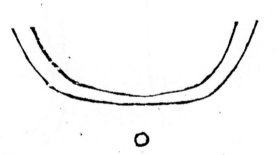

明堂水三折
三公位顯達
前朝砂印案
世世官不絶

此形頁為
此者

水城屈曲似飛龍
兒孫世世遇恩榮

此形有凶者為凶

來勢曲如龍
富貴永無窮

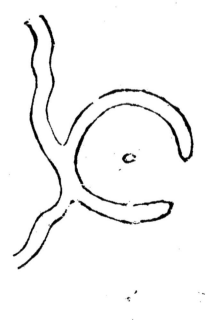

曲水如龍形

金鉤元又元

有人扦此地

及第必爭先

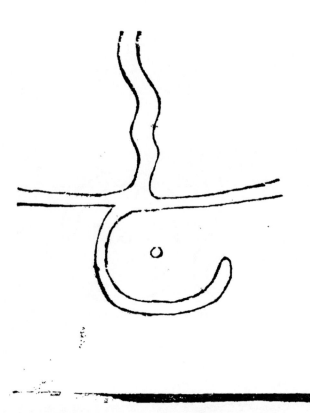

飛龍之水腹中求
兒孫颺拜鳳池頭

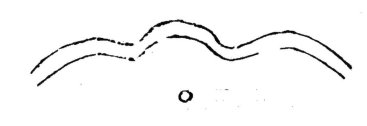

屈曲龍形
首尾朝迎
腹中作穴
卿相功名

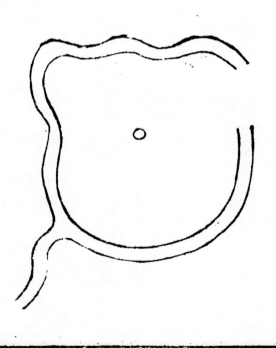

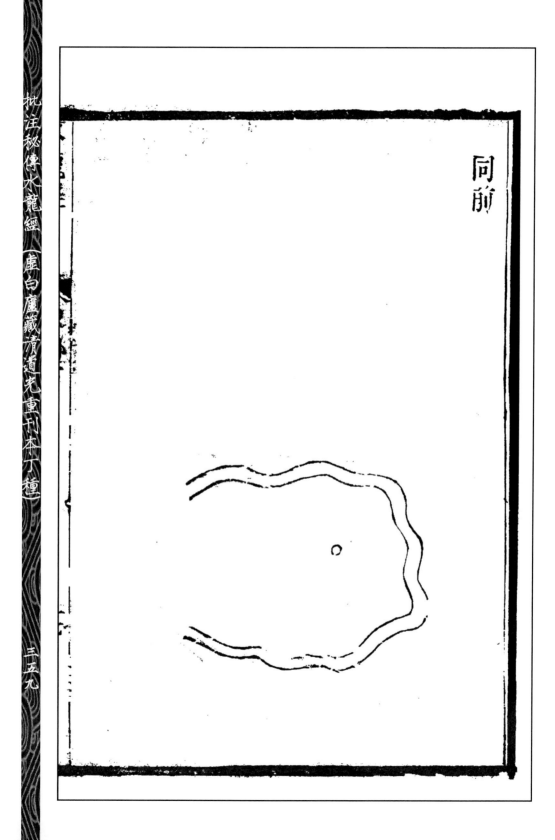

金蛇勢難識

慕後名臣出

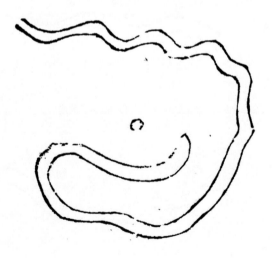

飛龍水難逢

扦着出三公

舞鳳水真奇

少年科第歸

男位至三公

女貴及后妃

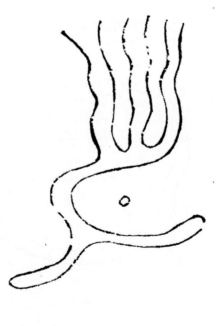

兩龍相會

或雌或雄

貴封侯伯

富擬石崇

曲水緊纏身

後代產奇英

路朝逢旺地

摩畫佐朝廷

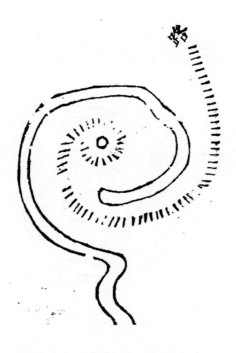

逆龍二水互相臨

砂水分明是合襟

寬抱彎環如玉帶

綿綿富貴作公卿

地招珙

地絕寶

一重路抱一重城

金水重重前面臨

若是穴中能包裹

兒孫發貴達神京

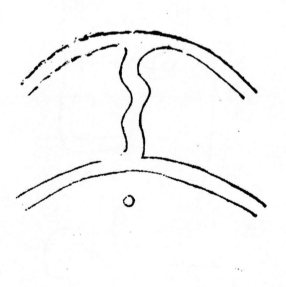

穴向三龍水後兜

子孫富貴永無休

蟠龍水後兜
北代作公侯

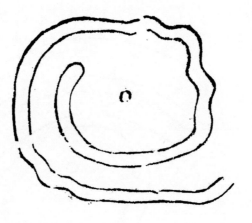

左轉金鉤形

富貴旺人丁

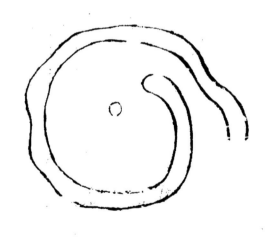

不孝兼多疾

二水右邊出

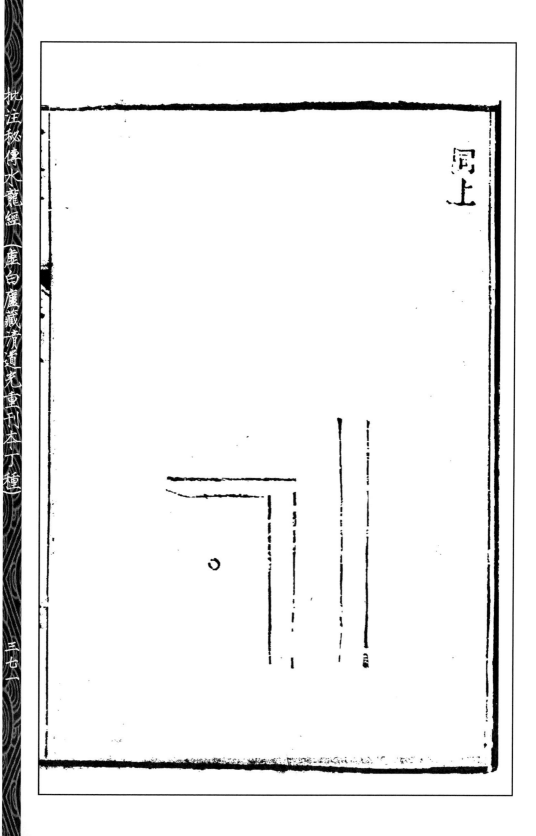

瓜藤之水

節節有情

若扦此地

振起家聲

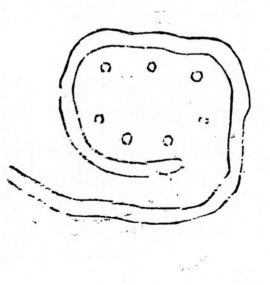

金鈎左轉

富貴兩全

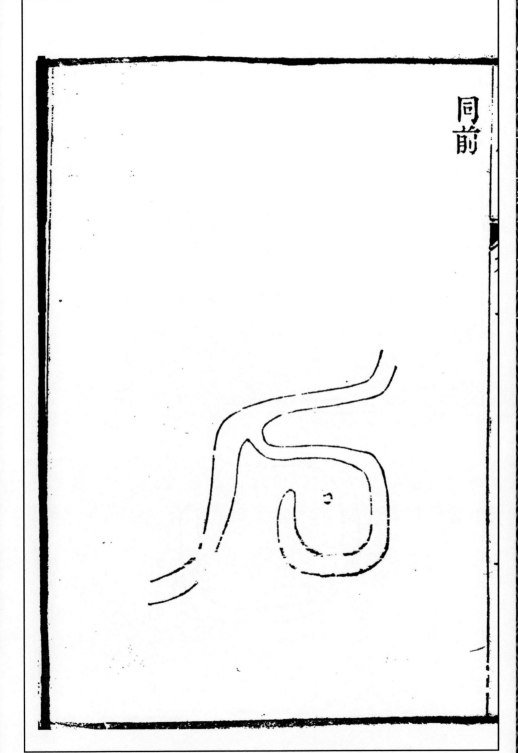

同前

水似玉鉤形
後代有榮名

秀水前來

穴映三台

坩黃襯白

名顯烏臺

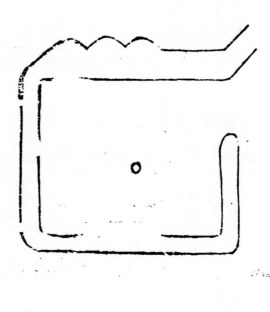

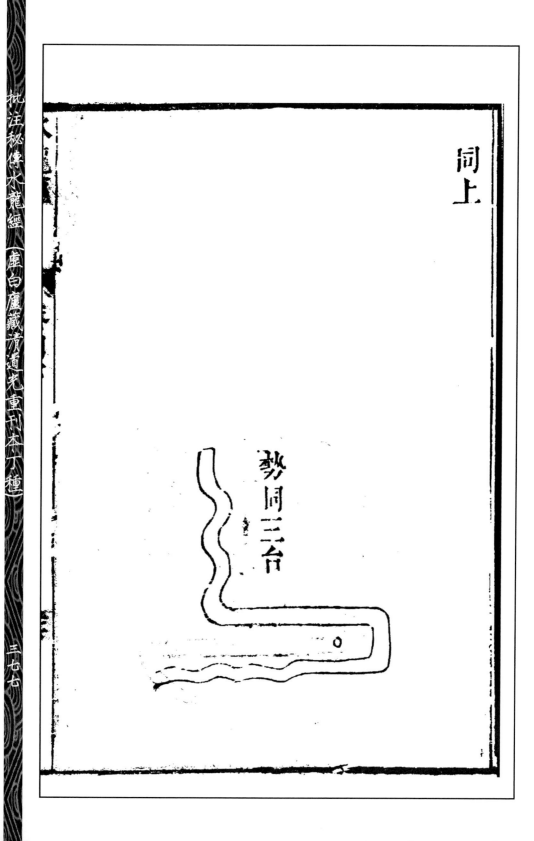

勢同三台

乙字水映身
家出大朝臣

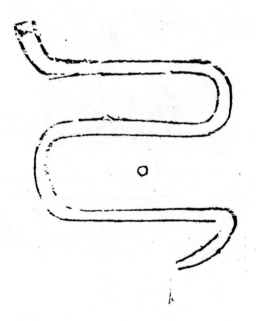

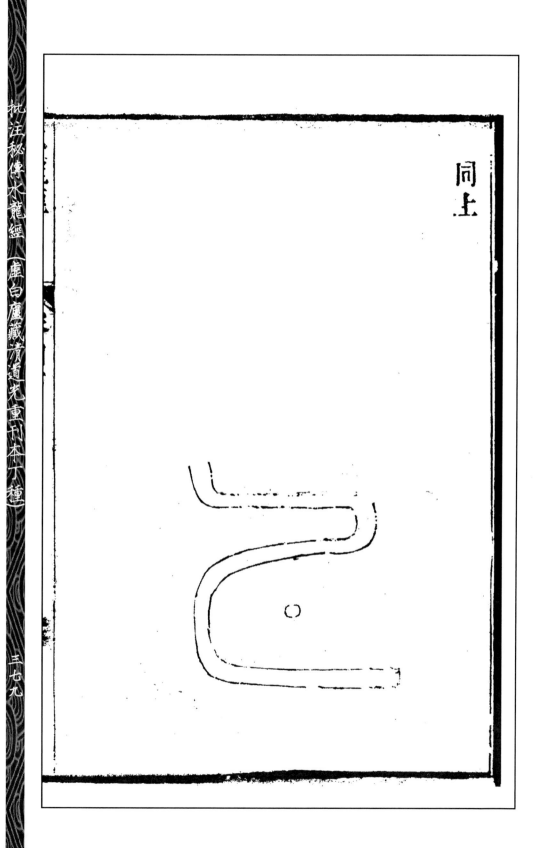

之字合襟之字流

卯州卯府鎖無休

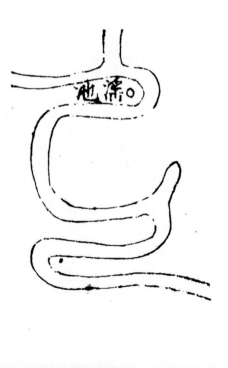

十字水邊墳

兒孫手藝人

溫飽多成敗

娼優賤且淫

十字成形無後前

田字井字總一般

分明市井塵囂地

有志功名未可安

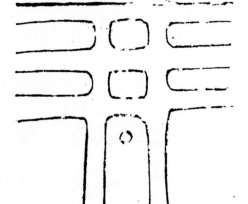

此地分明結穴眞

吉凶未便語時人

若遇明師點眞穴

定然富貴作名邦

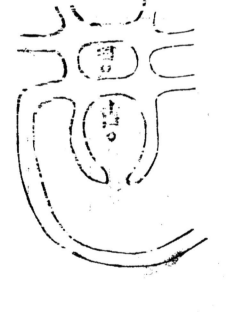

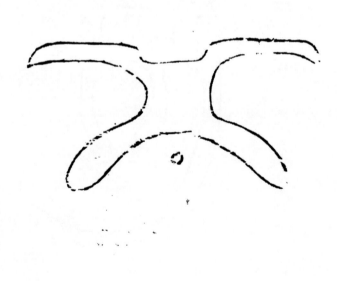

三十年來走道途
未曾識得仰天湖
若使有人扦此穴
兒孫衣錦達皇都

同上

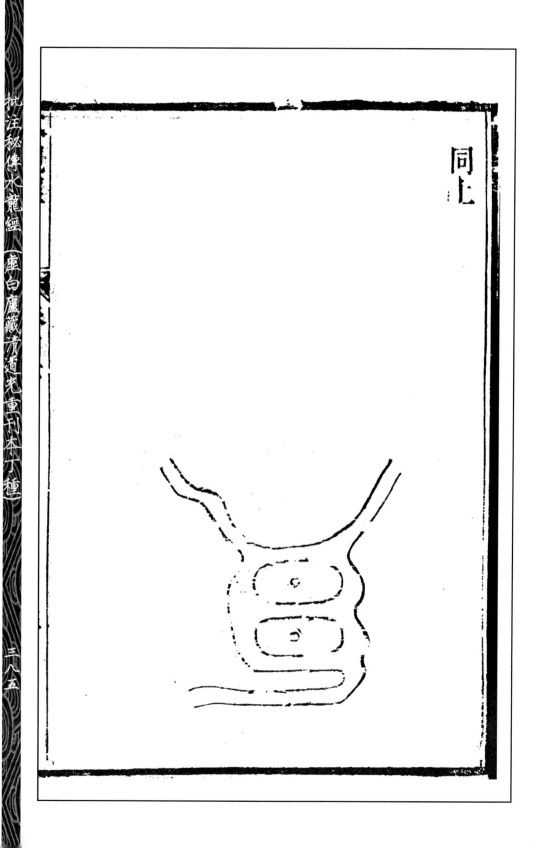

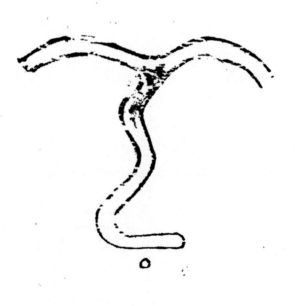

兩水如曲尺

庄作難衣食

昆季名高達帝臺

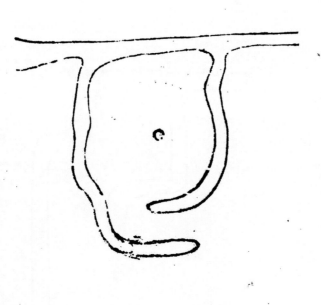

雌雄並出水同

流去了又回頭

兄弟一門皆及

第代代作公侯

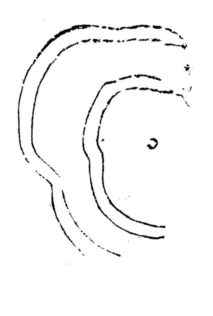

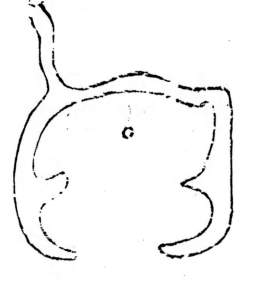

葬龍腹案龍腸

吉宿加臨貴後

昌葬龍尾案龍

足歌舞燈前爲

巫覡

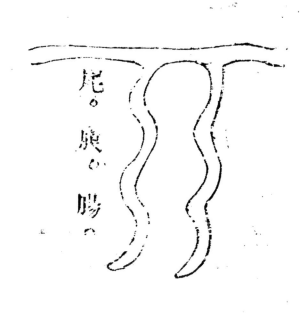

二龍相從
天地交通
陰陽得位
定出三公

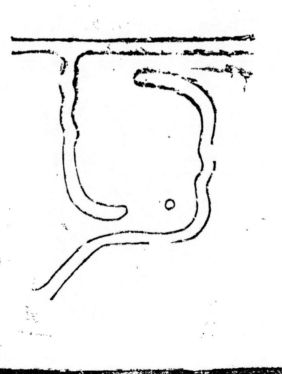

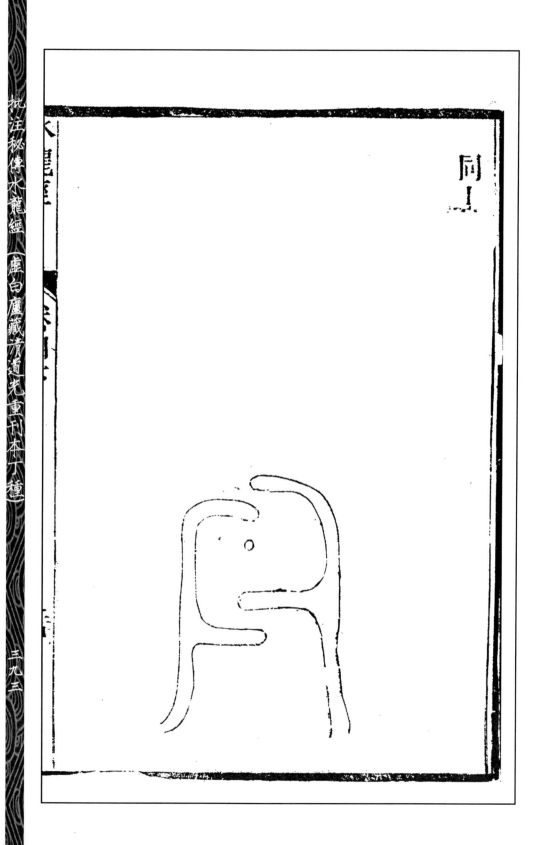

砂水纏流荷葉地

卻如花蕊瑞芝形

若然點作帳頭穴

富比陶朱竇作卿

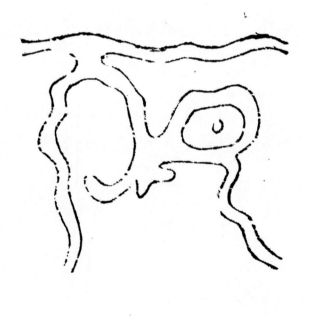

心一堂術數古籍珍本叢刊 堪輿類

此水名鷺膝

子孫必忤逆

財物化灰塵

人帶手足疾

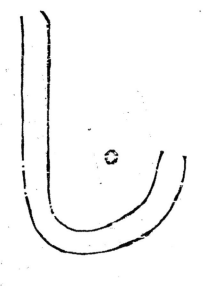

幞頭地執笏水後

嗣登科作內史

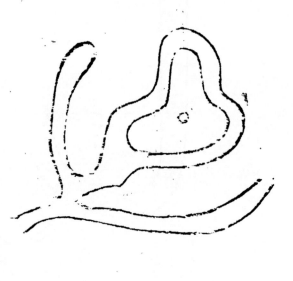

左水如笏右如筆

長房幼子貴無匹

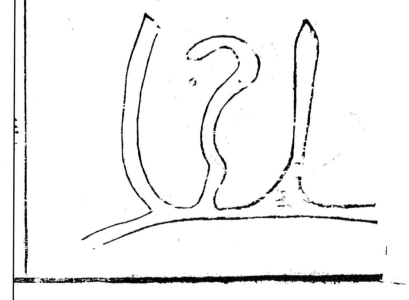

右水如笏

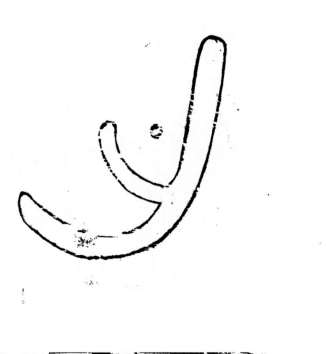

左水如筆

錢財進宝

兩水合門前

家富出高賢

穴向二龍

身嗣身榮

右邊兩水抱
家內多金寶

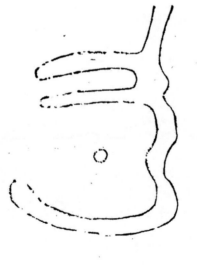

二水後頭兜

攀桂帝都遊

兩龍穴後兜
富貴總無休

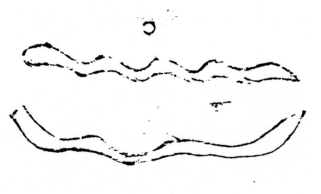

二龍相會
分主富貴

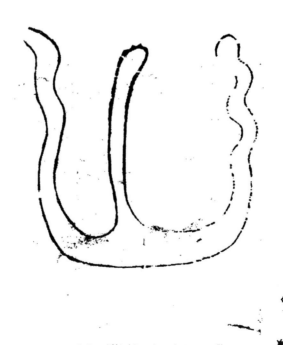

葬出公卿士

迢迢四水入朝堂

直中直射不相當

若還屈曲回頭顧

貴歷金階粟萬倉

其池一圩二

三十畝乃佳

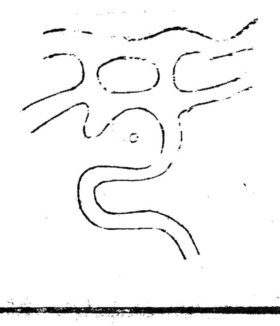

論池沼井橋

前逢池沼永

為富貴之家

東浜水百尺

西家粟萬箱

西北有池塘

生子逆爹娘

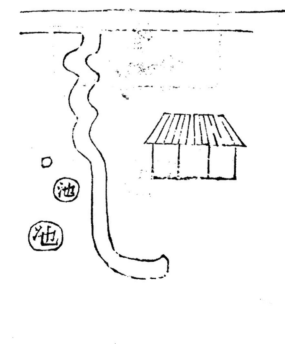

宅後有塘亦
是人財之地

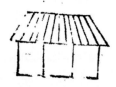

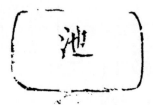

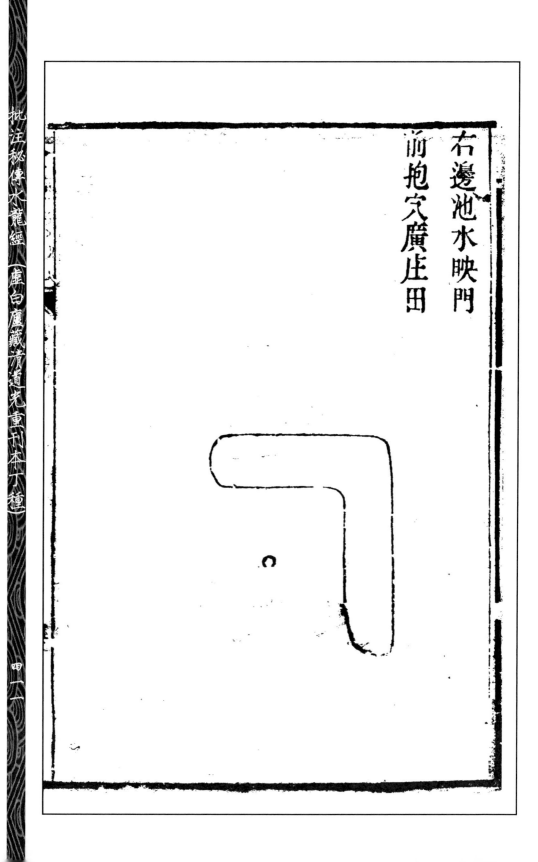

右邊池水映門
前抱穴廣庄田

墳後有井

心疼目損

塚如近井

患在心腹

不論東西

不分南北

墳前有水似蛾眉

女子隨人去不歸

宅前橋正當

橫死并天亾

鰥寡兼疾病

兒孫須過房

右有橋沖

淫敗絕宗

穴前正對有橫溝

名生足疾幾時瘳

朱雀地臨前

今什自安然

更有後兜水

富貴且清閒

前水如木杓

媳婦抱公脚

鵝公頭鴨公

頭女兒媳婦

上秦樓

山地形同

水龍經卷四下終